Die du bist

Amelie Fechner

Die du bist

ALLTAGSGEDICHTE

Ellert & Richter Verlag

Vielleicht so:
Dem unfassbar
Schrecklichen
das greifbar
Gute
entgegenhalten
aufs Neue
jeden Tag

Inhalt

III Miteinander

IV Wieder auf Los

Die Perlentaucherin

Die du bist heißt ihr neuer Gedichtband und wie immer bei Amelie Fechners Poesie frage ich mich insgeheim – „oder bin ich vielleicht du oder du bist ich?" Keinesfalls liegt das an dem glücklichen Umstand, dass wir seit Jahren befreundet sind, einander mal von näher, mal von ferner durchs Leben begleiten.

Jede und jeder findet sich mühelos wieder in ihren feinsinnigen Sprachbildern, fühlt sich erkannt, getröstet, gestärkt wie nach einer Therapiestunde ohne Therapeuten, ohne Sofa und ohne die berüchtigte Kleenex-Box. Eigentlich gehören ihre Bücher nicht auf den Nachttisch, sondern ganz pragmatisch ins Küchenregal – als Instant-Medizin gegen die alltäglichen Zweifel, die unsäglichen Anwürfe von anderen und, noch lästiger, die chronischen eigenen Abgründe. Oder einfach nur, um jederzeit in Worte gefasst zu wissen, welch glücklichen Moment wir gerade empfinden: weil die Sonne scheint, wir mit Kuscheldecke oder Schafsfell um die Füße ein Stündchen für uns genießen, uns ein Nougatteilchen auf der Zunge zergeht, „als würde der liebe Gott in Samthosen den Gaumen hinunterspazieren", so heißt es in Marcel Carnés *Kinder des Olymp* über einen Rotwein, bien sûr. Ein Stündchen, das wir – in Amelies Worten – am liebsten auf der Stelle aufpusten und seifenblasengleich in den herbstgoldenen Tag hängen möchten. Um den Augenblick zu verlängern, ein kleines Weilchen nur, bitte, bevor er platzt; um ihn zu konservieren, ganz altmodisch wie im Einmachglas für einen langen Winter.

Amelie Fechner taucht für uns hinab in Seelen-ab-gründe, wühlt dort im Sediment und bringt die eine oder andere Perle mit herauf. Sie kennt sich aus mit willkommenen, durchaus auch mit unwillkommenen Gemütszuständen, tritt ihnen beherzt entgegen, wenn sie sie selbst oder andere zu überwältigen drohen, hinabzuziehen ins Tiefdunkel unter die Wasseroberfläche. Indem sie nicht nur unbarmherzig sich selbst auswringt, wie in *Gedankenspiel zur Aufhellung*, sondern den un-gemüt-lichen Zuständen auch noch eine universelle Gültigkeit abringt und sie in Worte fasst, die einen die eigenen Abgründe, den Bodensatz des Lebens, ein wenig leichter nehmen lassen. Sie stellt sich den Biestern, bezwingt sie durch Benennen, lässt ihnen quasi die Luft raus und kriegt sie damit klein. Solcherart eingehegt und gezähmt, lassen sie sich von außen betrachten wie absonderliche Tierchen zwischen Amöbe, Nacktmull und Tiefseequalle. Harmlos. Bezwingbar. Hey, wo ist das Problem?

Amelie Fechner ist eine Perlentaucherin in den Untiefen des Daseins. Ihre Gedichte machen Mut, sie auszuloten, auszukosten – und ihnen, wenn nötig, beharrlich zu trotzen, bis man wieder in ruhigeren Gewässern unterwegs ist.
Sie spenden Kraft.
Und eine gelassene Heiterkeit.
Immer wieder!

Welch ein Glück,
Karin Baron

I

Jahreszeitliches

wetterfühlig

Den Februar, den mag ich nicht
zu lang schon gab's zu wenig Licht
bin müde nun und wintersatt
blass, ohne Antrieb, rundum matt
mein Stimmungsbarometer steigt
sobald sich mal die Sonne zeigt
gibt's viele Tage Sonnenschein
pendel auch ich im Hoch mich ein
bin überwiegend überschwänglich
mit allen Poren lichtempfänglich
und merk, wie kreative Flausen
mir flott durch die Gedanken sausen
werden Hormone überschätzt?
heut jedenfalls, da stell ich fest:
mein Seelenleben läuft synchron
zur Wetter-App vom Telefon

Schokoladenliebe

Bei Schokolade werd ich weich
da gibt es kein Pardon
sie macht mich glücklich
und zwar gleich
so war es immer schon
andre zählen Kalorien
und knabbern Sellerie
ich geb der Schokolust mich hin
bereut hab ich's fast nie
mir passen kleine Größen nicht
doch hey! wen kümmert das?
statt Selbstkasteiung und Verzicht
hab ich beim Essen Spaß
klar, liebe ich die Osterzeit
Jahr für Jahr aufs Neue
weil über jedes Nougatei
ich wie ein Kind mich freue

Eine Frage der Einstellung

Manchmal muss der Sommer
Urlaub machen
im Norden kann das
öfter mal passieren
auch dann, wenn ich grad Ferien hab
und schlechtes Wetter
lässt sich nicht stornieren
im Grunde ist das ja auch kein Problem
ich schnappe mir ein gutes Buch
und warme Anziehsachen
mach's auf dem Sofa mir bequem
so muss ich immerhin nicht frieren
der Sommer weilt
indessen auf den Balearen
sitzt dort bei 40 Grad am Strand
er weiß womöglich nicht
um die Gefahren
bestimmt hat er
längst Sonnenbrand
für Affenhitze bin ich
nicht gemacht
und Fliegen ist
fürs Klima schlecht
wenn man es also
insgesamt betrachtet
ist mir der kühle Norden
doch ganz recht

herbsthungrig

Man möchte
wie ein Eichhörnchen hochklettern
sich in das Farbenspiel mischen
in den üppigen Kronen sitzen
dort einfach verweilen
oder am Boden bleibend
zumindest weitere
Stunden aufpusten wie Ballons
und in diese Tage hängen
die golden schimmern
und sie verlängern

Novemberblues

Es ist so weit
nun ist sie da
die dunkle, kalte Jahreszeit
ich kämpf mit meiner Müdigkeit
könnt ich mich auf mein Sofa legen
für ein paar Wochen nur
dort lesen, träumen
während draußen
Stürme brausend
die letzten Farben
von den Bäumen fegen
gewiss ginge ich
danach hinaus
mild schien das Winterlicht
ich fühlte mich
rundum erfrischt
wie nach ner Kur

Zwischentage

Wusstest du, dass
zwischen den Jahren
die Tage schon immer
besonders waren?
es sind Tage, die sich
gemächlich entrollen
es gibt kein Müssen
nur Dürfen und Wollen
wer es mag, legt sich schon
mit der Dämmerung hin
oder sitzt über Stunden
vor dem Kamin
an Zwischentagen
passiert gar nicht viel
wir essen, wir lesen
oder spielen ein Spiel
und niemand ist hier
der etwas erwartet
wir sind stiller als sonst
entspannt, auch ermattet
die Zeit nimmt sich Zeit
Stunden dehnen sich aus
wir gehen spazieren
oder bleiben zuhaus

II

Blick nach innen

Gedankenspiel

Wie schön es wäre
würde es gelingen
sich selbst an manchen Tagen
einfach auszuwringen
abzuseihen alles Schwere
Ängste, Zweifel und
manch andere Misere
was dann bliebe?
Leichtigkeit, Geduld
Vertrauen, Liebe
und im Notfall
Lachen als die Medizin
die man kurzerhand
sich selbst verschriebe

Nach dem Hadern

Aller Anfang ist Hader
in mir schreit es laut: Nein
dann packt mich der Rhythmus
und zieht mich hinein
in den Text, in den Takt
ich lass Worte marschieren
bin die Chefdirigentin
und muss aussortieren
denn Worte gibt's viele
ich suche den Kern
dies Herausschälen, Filtern
mag ich wirklich gern
dann die Einheit zu finden
von Inhalt und Klang
sie ist's, die ich suche
auf sie kommt es mir an
wenn es mir gelingt
bin ich kurz zufrieden
ist mein Tagwerk getan

Luftschlösser

Manchmal schlägt
die Fantasie Kapriolen
fernab der Realität
wo dein Herz in Flammen
die Zeit still
die Welt Kopf steht
erst mal
kann nichts
dich zurückholen
dann kommt
peng!
der Moment
Nadelstich
im Luftballon
du trudelst
von ziemlich weit oben
wieder zurück auf den Boden
nie landest du gleich
einmal hart
einmal weich
doch stets musst du
lang dich erholen

Kernenergie

Heut frag ich dich
hast du dich selbst
in deinem Kern
mit allem, was
dich ausmacht, gern?
du musst dich
ausführlich betrachten
um fortan gut auf dich zu achten
und dich ganz und gar zu lieben
dich selbst, in Gänze, das ist viel
Verstand und Körper, viel Gefühl
du hast das Wissen, das Empfinden
nur du kannst dich in alldem finden
nur du kannst, was du brauchst, erkennen
deine Bedürfnisse benennen
einmal erkannt, kannst du ab morgen
bereits viel besser für dich sorgen
bewege dich, bleibe nicht stehen
so kann Veränderung geschehen
die dich im Innern freier macht
und dort auf einmal Räume schafft
für Neues, vielleicht sogar für Liebe
die, aufgespannt
zwischen Nähe und Abstand
ausbalanciert
auch funktioniert

Die Texte *Kernenergie* und *Die du bist* sind Auftragsarbeiten für Lucia Markic, die Coachings anbietet, die sich in erster Linie an Frauen richten. Vielen Dank für die Erlaubnis, die Texte hier aufnehmen zu dürfen.

Die du bist

Ein paar Dinge sind im Leben
von Natur aus vorgegeben
doch vieles liegt in deiner Hand
und hast du das erst mal erkannt
dann mach dich auf, dein Glück zu
schmieden
find mit Vergangnem deinen Frieden
sieh, was du jetzt brauchst und liebst
was für dich zählt und Kraft dir gibt
erkenne, was du früh erlernt hast
und ob es heut noch zu dir passt
lern, Weichen sanft nachzujustieren
und Ziele neu zu definieren
nie wieder sollst du dich verbiegen
entfalte dich, lern dich zu lieben
mit deinem ganzen Potential
denn dich gibt's so ja nur einmal:
mit all dem Schönen, Weiblich-Zarten
den Stärken und den Eigenarten
nun birg den Schatz, der in dir ist
und werde ganz die, die du bist

Über Nacht

Kaum hatt ich jemals
drüber nachgedacht
was Frieden ist
er währte schon so lange
und war für uns
einfach normal
eine ganz sichre Sache
dies selbstverständliche Gefühl
von gutem Aufgehobensein
und dessen Fortbestehen
verschwand dann über Nacht
wenn ich mir nun
zum Weltgeschehen
meine Gedanken mache
wird es mir
angst und bange

Von Reimen und Gedichten

Fragst du dich manchmal insgeheim
wie es funktioniert, das Reimen?
Reime entstehen fast ohne dein Zutun
sie kommen leise daher
zum Beispiel beim Ausruhn
manchmal kann's dir so passieren:
du gehst grad durch den Park spazieren
da kommen sie in hohem Bogen
plötzlich zu dir hingeflogen
Reime fallen von den Bäumen
sie besuchen dich in Träumen
sie kommen gar, bist du entspannt
von allen Seiten angerannt
du kannst sie überall entdecken
brauchst dich gedanklich nur mal strecken
wenn Reime dich so überraschen
steck sie behutsam in die Taschen
im Umgang sind sie delikat
hier ist nun Feingefühl gefragt
trag sie mit Vorsicht in dein Haus
dort hol sie Wort für Wort heraus
für ein paar Tage lass sie ruhn
danach kannst du Verschiednes tun
hantierst du gerne in der Küche
magst Speisen gern und auch Gerüche
dann mach dir frischen Wortsalat
mit Dressing nach Franzosen-Art
mit Butter, Mehl und Ei kannst du es auch versuchen

so nämlich backt man Reimekuchen
mit Brühe und nem Hühnerknochen
kannst du dir Buchstabensuppe kochen
nach dem Verzehr von Reimgerichten
lernst du es selber bald, das Dichten
willst du Reimen nicht zu Leibe rücken
sie nicht zerhacken und zerpflücken
magst Suppen und Salate nicht
oder wünschst dir ein Gedicht
dann höre zu, und zwar genau
sei sensibel und sei schlau
was nun passiert, das ist Magie
bei manchen klappt's, bei andern nie
Reime mögen Kerzenschein
auch Musik kann hilfreich sein
Kinderlärm stört Reime nicht
auf's Lachen sind sie auch erpicht
nur in guter Atmosphäre
erweisen Reime dir die Ehre
sie erzittern und erbeben
und dann kannst du miterleben
wie sie sich in die Lüfte schwingen
und neu sortiert in Stellung bringen
schließlich liegen sie vor dir
angeordnet auf Papier
so herrlich wie dein Leibgericht
einfach mmmmmh ...
ein Gedicht!

III

Miteinander

zuhause

In unsrer Familie
sind wir ziemlich viele
trotz gleicher Gene
sind wir nicht homogen
eher ziemlich verschieden
nicht immer herrscht Frieden
das kann ja, wenn Menschen
sehr eng sehr viel Zeit
zusammen verbringen
oft schwer nur gelingen
dennoch passiert es
und ist wunderschön
dass immer mal wieder
Momente entstehn
vielleicht sind's Minuten
bisweilen auch Stunden
wir sitzen zusammen
in glücklicher Runde
einträchtig, nah
zutiefst uns vertraut
redend und lachend
zum Teil ziemlich laut
ich spür, was uns eint
was immer schon war
und sicherlich bleibt
Wohlwollen, Wärme
davon ziemlich viel
dies wahre Sich-Kennen
mein Zuhausegefühl

Mit wenigen Worten

Du bist mein Anker
meine Bank, im
Ärmel mein Ass
was auch immer geschieht
auf dich ist Verlass
zusammenzustehen
ist für uns zwei normal
doch niemand ist sonst
noch wie du so loyal
schon früher verbracht' ich
mit dir sehr viel Zeit
denn da, wo du warst
war auch ich oft nicht weit
auch wenn wir uns mal
in den Haaren lagen
haben wir uns doch meistens
schnell wieder vertragen
viele Worte zu machen
ist nicht so dein Ding
doch fühl ich mich wohl
wenn ich neben dir bin
du bist Heimat für mich
ich vertraue dir blind
wie dankbar bin ich
dass wir Geschwister sind

hundelos

Du liebes Wesen
mit Ohren aus Seidenfell
deinen Schnauzenstupsern
dem Freudengebell
bist dein ganzes Leben
treu und ergeben
bei uns gewesen
wir sind nicht bloß
plötzlich hundelos
in unserem Leben
klafft nun ein Loch
nicht nur hundegroß
viel größer noch

Himmel voller Thunfisch

Dass man Kater
so lieben kann
ahnten wir nicht
bis wir dich bekamen
viele Jahre lang warst du
auf deine Weise
sanftmütig, leise
Teil unserer Familie
dabei immer bereit
für eine Streicheleinheit

möge es für dich, Katerchen
ein ewiges Leben
im Himmel geben
mit Mäusen und netten Kumpanen
dazu täglich und fangfrisch
Unmengen von Thunfisch

engstens

Räumlich betrachtet
bist du gerade
weit entfernt
und doch
im Innern
mir ganz nah
weil ich mit dir
sehr lange schon
engstens verbunden war

Wortgirlanden

In meinen Gedanken
winde ich uns Girlanden
für all das
was uns mal verband
und wieder verbindet
nun, da wir
zaghaft
den Weg
zurück
zueinander finden

Ode an die Freunde

Ihr macht mein Leben bunter, reicher
mit euch geteilt wird Schweres leichter
was ich auch mach
mit euch wird's schöner
wird lustiger und angenehmer
ich kann im Ernstfall auf euch bauen
und Wichtiges euch anvertrauen
wir teilen wirklich viele Themen
wenn wir uns Zeit für'nander nehmen:
beim Reden und Spazierengehen
beim Feiern oder Filmansehen
beim Spielen und beim Ferienmachen
beim Albernsein und herzlich Lachen
mit euch zu essen ist Genuss
gemeinsam Sport hält uns in Schuss
sogar das Älterwerden ist
mit euch nicht schlimm
da ich ja nicht alleine bin

Künstlerliebe

Die Liebe, von der ich berichte
ist ein bisschen wahr
und ein bisschen Geschichte:
der Maler und die Sängerin
Künstlerliebe zwischen Bild und Ton
wer erlebt so was schon

als sie sich fanden
hatten sie nicht gesucht
die Begegnung traf sie mit großer Wucht
wie wenn Welten zusammenprallen
doch es gab kein Stürzen
und kein Fallen
nur ein sanftes Landen
weil ihre Welten zueinanderfanden

der Maler und die Sängerin
Künstlerliebe zwischen Bild und Ton
wer erlebt so was schon

trotz alter Narben
gelebter Leben
vergangener Lieben
die Liebe der beiden
sie kam und sie blieb
und es fließen seitdem
immer wieder seine Farben
in ihre Lieder

der Maler und die Sängerin
Künstlerliebe zwischen Bild und Ton
wer erlebt so was schon

es gibt keine Liebe
die nur leicht ist
doch diese ist eine
die beide bereichert
diese Künstlerliebe zwischen Bild und Ton
wer erlebt so was schon
ja, wer erlebt so was schon

Liedtext für die Sängerin Anette Gebauer,
veröffentlicht auf der CD *mittendrin*

Der Grund

Ich lese dein Gesicht
wie ein Buch
nie konnte dein Lachen
mich täuschen
die Bögen deiner Brauen
und der Schwung deines Mundes
verraten mir den Grad
deines Kummers
ich überprüfe den Grünton
deiner Augen
zwei mir lang schon
vertraute Seen
auf deren Grund
ich oft tauchte
dort im Tiefdunkel
einsam, seit Jahren
versunken
pocht der Schmerz
deiner Verwundung

Momente

Manchmal
bist du vielleicht
am rechten Ort
zur rechten Zeit
bemerkst sie aber nicht
deine Gelegenheit
und der Moment vergeht
und kurz danach schon
ist's zu spät
ein andermal bist du
auf Zack und innerlich bereit
jedoch zur falschen Zeit
denn der Gelegenheit
kommst du grad ungelegen
das Schicksal ist bereits
auf andern Wegen unterwegs
spinnt Fäden und bahnt an
vertieft Verbundenes
oder zerreißt's
wer weiß
ob man es manchmal
höhnisch lachen hören kann?

IV

Wieder auf Los

Für eine Weile

Man möchte eng zusammenrücken
und alle seine Liebsten drücken
und darf's grad nur gedanklich machen
erlaubt bleibt kochen, lesen, lachen
mit Freunden lang telefonieren
und an der frischen Luft spazieren
für alle Kranken, Schwachen, Alten
woll'n wir nun einfach Abstand halten
uns eine Weile selbst beschränken
mal nicht an uns, an andre denken
nur, wenn wir mit Vernunft agieren
besiegen wir sie, diese Viren
und kriegen mit ein bisschen Glück
das Leben, wie's mal war, zurück

Beziehungsstress

So wie mir scheint
bist du mein Freund
doch auch mein Feind
weil ich dich oft
nicht recht verstehe
und dann mit dir
auf Kriegsfuß stehe
dann wieder sind
wir zwei ein Team
du hältst es ja
für legitim
bei deinem Tun
handtaschengroß
auf meinem Schoß
zu ruhen
wo du vollbringst
dass es gelingt
und wir kooperieren
und währenddessen
uns auch nicht
allzu schlimm traktieren
bis es dann
erneut passiert
weil du nicht
richtig funktionierst

zumindest nicht
so wie ich's will
du schaltest ab
bist stur und still
da du mein
größter Gegner bist
und alle Müh vergeblich ist
dann finde ich
dich launenhaft
und partnerschaftlich
grauenhaft
ich muss dich
erst mal ignorieren
und viele Tage
lang pausieren
um es irgendwann
aufs Neue zu probieren
dabei denk ich insgeheim
sei bloß nicht
wieder so gemein
sei, liebes IPad
diesmal nett!

für meine liebe Tante R.

Artenschutzprogramm

Lasst uns die
kleinen Läden retten
sonst gibt's bald
nur noch große Ketten
es sind die Schmetterlinge
unter den Faltern
die jeden Sommer
uns beseelen
gäb's sie nicht mehr
wie würden sie
uns fehlen

Hotel Mama

Die Waschmaschine rattert
und die Spülmaschine brummt
das Nudelwasser kocht
im größten Topf
während im Keller
laut der Trockner summt
und mir schwirrt schon der Kopf
ganz schleichend ist es uns passiert
die Kinder haben schon studiert
und sich nun wieder einquartiert
zuhause gab's ja immer schon
viel Liebe, dazu Vollpension
da lässt sich's gut logieren
und von der Pandemie kurieren
so stapeln sich im Flur die Schuhe
und heimlich sehn ich mich nach Ruhe
ich frage mich im Stillen schon
ist diese Form hier Regression?
da hilft's, so wie bei allen Themen
die Lage mit Humor zu nehmen
und positiv nach vorn zu sehen
weil Phasen stets vorübergehen

systemrelevant

Ich liebe
ins Theater Gehen
im Kino Filme anzusehen
ich lieb Konzerte, Livemusik
auch wenn's dabei Gedränge gibt
ich lieb die Luft schon im Foyer
wenn ich mit Freunden darin steh
auch wenn Autoren lange lesen
bin ich oft gern dabei gewesen
dies alles regt mein Denken an
hilft, dass Gefühl sich setzen kann
Kultur ist, dies sei hier bekannt
für mein System sehr relevant
ich muss sie fühlen und erleben
kein Bildschirm kann dies je mir geben

Was für ein Jahr!

Dies Jahr wird in Erinnerung bleiben
und später mal Geschichte schreiben
die Welt stellt sich nun anders dar
als sie's zum Jahresanfang war
denn schließlich gab's ne Pandemie
in dieser Form bei uns noch nie
wie schön es wär, wenn dieses Jahr
auf seine Art auch nützlich war
weil's zeigte was man schnell vergisst
wie angreifbar das Leben ist
ob wir jetzt aufhör'n zu verdrängen
dass wir am Tropf der Erde hängen?
sie zu beschützen, das ist Pflicht
den Planet B gibt's schließlich nicht
du sägst ja auch nicht an dem Ast
auf dem du stets gesessen hast

Wieder auf Los

Ich schau auf dich
wie du
in Turnschuhen, die Haare nass
den Rucksack über der Schulter
losgehst
beinahe so
als wäre nichts gewesen
und es war ja auch nichts
nichts mehr los
was für ein Jahr war das bloß
irreal, hart
die Welt eingefroren
sonderbar
und wir
immer zuhause
im Warten erstarrt
und doch war's
für lange Zeit
unsre Wirklichkeit
nun schau ich dich an
du gehst wieder auf Los
zum Schulneuanfang
klar, bin ich froh
doch es fehlt ja
das Ende vom Faden
wo, also wo
knüpfst du an

Nachwort

Amelie Fechner versteckt sich nicht. Sie zeigt sich, mit ihren Zweifeln, ihren Beobachtungen, ihren Gefühlen, mit allem, was das Leben ausmacht. Sie schreitet den Radius ihres Alltags aus und legt das Große, das sich im Kleinen verbirgt, frei. Ein vertrauter Blick, in dem alles zu stecken scheint. Kapriolen der Fantasie, inklusive harter Landung. Nähe, trotz räumlicher Entfernung. Die Freude am Farbenspiel des Herbstes.

In keinem Moment ist sie dabei in Gefahr, anderen mit Weisheiten zu kommen. Ihr Kunststück besteht darin, ihren Gedanken eine sprachliche Form zu geben, die durch Klarheit („Wie schön es wäre / würde es gelingen / sich selbst an manchen Tagen / einfach auszuwringen"), Rhythmus („bin überwiegend überschwänglich / mit allen Poren lichtempfänglich") und Eigensinn („dort im Tiefdunkel / einsam, seit Jahren / versunken / pocht der Schmerz") überzeugt. Diese formalen Entscheidungen tragen, doch beim Lesen treten sie so weit zurück, dass wir ihren Halt mehr spüren als sehen.

Anders, direkter verhält es sich mit den Erfahrungen, von denen die Gedichte handeln. Sie sind nicht wirklich neu oder überraschend, beeindrucken jedoch durch ihre Entschiedenheit. Man fühlt sich beim Lesen sofort stärker, entschlossener. Sie machen Mut. Wobei Stärke nichts anderes meint als das Zutrauen, genau hinzuschauen, bei sich, bei seinen Nächsten, sich nichts vorzumachen, sondern es zuversichtlich auszuhalten, was das Hinschauen hervorbringen wird.

Das ist das Gesichtsfeld dieser Gedichte. „Blick nach innen“ heißt nicht zufällig ein Abschnitt, „Miteinander“ ein anderer. Das Ich ist wichtig, und das Du. Der Schritt zum Wir ergibt sich daraus, er ist in den Gedichten Amelie Fechners geradezu konstitutiv. Und nur deshalb möglich, weil die Autorin weiß, dass dieses Wir ein greifbares, starkes Ich voraussetzt. Ein herzhaftes Ich. Ein lyrisches Ich reichte dafür nicht aus. Eine Entscheidung, die ihr die Leserinnen danken.

Und wohl auch die Leser – denen anzuraten ist, sich vom Femininum des Titels nicht abhalten zu lassen, diese Gedichte zu lesen. Waren es nicht jahrhundertelang die Frauen, die unverdrossen die maskulinen Substantiva und Artikel zu schlucken hatten, ohne dass sich jemand um deren Empfinden geschert hätte? Wie leicht sagt es sich, in das Eine sei das Andere selbstverständlich einbezogen. Lassen wir die Irritation ruhig auf uns wirken (wir Männer, in diesem Fall), in die uns eine Formulierung wie „werde ganz die, die du bist“ versetzt.

„Was nur einmal ist und auch nicht umzuändern: / siehe, das bist du“ heißt es übergreifend gültig bei Peter Rühmkorf. Umkreisungen eines Ich, Arbeit am Ich, wie sie Lyriker an unserer statt leisten. Aufmunternde Einladungen, uns von ihnen inspirieren, motivieren, herausfordern zu lassen.

Jedes Lesen ist ein Schritt hin zu Veränderung, schafft Raum für Neues, bringt uns voran. Amelie Fechners Gedichte werben dafür, sich umzuschauen. Bei sich, bei den Menschen, die einem nah sind, und dann, aber erst dann, in der Welt. Machen wir uns nichts vor: Unser Handlungsraum ist begrenzter und kleiner, als wir uns das oftmals eingestehen.

Das bedeutet jedoch keine Schwächung unserer Möglichkeiten, wie sich gerade in einer Zeit zeigt, in der wir Beschränkungen in ungeahntem Ausmaß erfahren („die Welt stellt sich nun anders dar“).

Amelie Fechner setzt das Ich an seinen angemessenen Platz. Ganz oben. Schau dir an, wer du bist, glaube an dich und dann trete hervor. Wie die Autorin mit diesen Gedichten hervortritt, mit Witz, leicht, mit Nachdruck, spornt an.

Werner Irro

Amelie Fechner, geb. 1969 in Oberhausen, studierte Jura in Freiburg, Hamburg und Bordeaux. Nach einigen Jahren als Rechtsanwältin und freie Autorin gründete sie 2013 den Postkartenverlag *feinezeilen*, über den deutschlandweit ihre Gedichte vertrieben werden. Bei Ellert und Richter erschien 2017 ihr erster Gedichtband *Das pralle Leben. Alltagsgedichte*, gefolgt von *Licht und Schatten. Alltags- und Anlassgedichte* im Jahr 2019 und zuletzt *Trotzdem. Alltagsgedichte* im Jahr 2025. Die Autorin ist verheiratet und hat drei Kinder.

Karin Baron, geb. 1958, hat als Übersetzerin, Redakteurin und Texterin gearbeitet, bevor sie sich dem Schreiben von Kinder- und Jugendromanen widmete. Sie hat zwei erwachsene Töchter und lebt in Hamburg, ihrer Herzensstadt, über die sie mittlerweile zwei Liebeserklärungen zwischen Buchdeckeln verfasst hat. Im Jahr 2024 erschien bei Ellert & Richter ihr erster Erwachsenen-Roman *Villa Flora. Das Geheimnis vom Elbhang.*

Werner Irro, geb. 1955, Studium u.a. der Literaturwissenschaft und Kunstgeschichte, lebt als Lektor, Ghostwriter und freier Autor in Hamburg. Er gab eine Sammlung von Hamburg-Gedichten *Aus den Wolken fallen die Heringe* (2020) sowie die Anthologien *An diesem erschütternden Meere habe ich tief gelebt ... Sylt literarisch* (2021) und *Nicht irgendwo und irgendwie zu sein, sondern nur hier ... Hamburg literarisch* (2022) heraus.

„Wer das Glück hat, den Texten von Amelie Fechner zu begegnen oder mit ihnen beschenkt zu werden, fühlt sich verstanden. Wer sie verschenkt, dem helfen sie, auf liebevolle Weise ein paar Wahrheiten zu formulieren, niemals verletzend, dafür mit einem Augenzwinkern." Karin Baron

Uns Menschen beschäftigt so viel, wenn wir mitten im Leben stehen: zum Beispiel eine Liebe, die langsam in die Jahre kommt. Oder atmosphärische Störungen unter Freunden aufgrund unbedacht gewählter Worte.
Da träumt man schon mal von einem implantierbaren Abstandhalter, damit die angestrengte Seele eine Verschnaufpause einlegen kann.

Amelie Fechner bringt in ihren Gedichten alltägliche Begebenheiten und Gefühle so auf den Punkt, dass wir Ausschnitte unseres eigenen Daseins darin wiederfinden können. Dabei richtet sie ihr Augenmerk immer auch auf die Dinge, die das Leben letztlich so lebenswert machen.

„Wie es gelingen kann, mit den Schattenwürfen des Alltags zurechtzukommen, die lichten Augenblicke herauszufiltern und dem Gesamtkunstwerk Leben eine ganz eigene Poesie abzuringen, das zeigt Amelie Fechner in ihrem neuen Gedichtband ‚Licht und Schatten'." Karin Baron

Was treibt uns nicht alles um in unseren mittleren Lebensjahren! Momente intensiven Glücks in der Familie oder bei festlichen Anlässen gehören ebenso dazu wie Sorge um unsere Liebsten, Trauer nach einem Verlust oder das Hadern mit uns selbst. Wie schön wäre es doch, wenn man perfekte Momente einfach in Flacons abfüllen und konservieren könnte, um sich dann später bei Bedarf in Glück hüllen zu können.

Amelie Fechner beschreibt in ihren Gedichten die Bandbreite der Gefühle zwischen Licht und Schatten, die unser Leben durchweben. Was nach dem Lesen zurückbleibt, ist die Erkenntnis, dass wir immer wieder versuchen sollten, den Tag zu „pflücken". Und dass es dabei auf Qualität, nicht auf Quantität ankommt.

Bibliografische Information der Deutschen Nationalbibliothek:
Die Deutsche Nationalbibliothek verzeichnet diese Publikation in der Deutschen Nationalbibliografie; detaillierte bibliografische Daten sind im Internet über http://dnb.d-nb.de abrufbar.

ISBN 978-3-8319-0827-1

2. Auflage 2025

Borselstr. 16 C
22765 Hamburg
info@ellert-richter.de

Lektorat: Dr. Werner Irro, Hamburg
Titelfoto: Katrin Sander, Hamburg
Gestaltung und Satz: Joana Katte, Hamburg
Gesamtherstellung: FINIDR, Český Těšín, Tschechische Republik

www.ellert-richter.de
www.facebook.com/EllertRichterVerlag
www.instagram.com/ellert_richter_verlag